De snelle bouwvergunning

Praktijktips om soepel toestemming om te bouwen te krijgen

Roland Scholten

Eerste druk, 2013

Aan de totstandkoming van deze uitgave is de uiterste zorg besteed. Voor informatie die desondanks onvolledig of onjuist is opgenomen aanvaarden auteur en redactie geen aansprakelijkheid. Voor eventuele verbeteringen van de opgenomen gegevens houden zij zich aanbevolen.

© 2013, Vergunningmakelaar.nl
Roland Scholten

Alle rechten voorbehouden.
Niets uit deze uitgave mag worden verveelvoudigd, opgeslagen in een geautomatiseerd gegevensbestand en/of openbaar gemaakt in enige vorm of op enige wijze, hetzij elektronisch, mechanisch, door fotokopieën, opnamen of op enige andere manier zonder voorafgaande schriftelijke toestemming van de uitgever.

ISBN 978-1-291-47109-0

Uitgever: Vergunningmakelaar.nl
www.vergunningmakelaar.nl

Inhoudsopgave

INLEIDING 7

Veel gehoorde verhalen 7

Samenwerking 7

Samen ontbreekt 8

Voorbereiding 9

Gezamenlijk doel 9

Communicatie 10

Opzet boek 11

SAMENWERKING MET GEMEENTEN 13

Inleiding 13

De gemeente bestaat niet 13

Gedrag van de gemeente 14

Werken met personen 16

Organisatie 17

Communicatie naar de gemeente 18

Afsluiting: vier casussen 19

CASUS: SAMEN IN VESTINGSTAD 21

Beschrijving casus 21

Samen? 22

    Ontbreken van 'samen-gevoel' 22

    Aanwezigheid van 'samen-gevoel' 23

    Geleerde lessen 24

CASUS: VOORBEREIDING DOOR MAAKHETZELF BV 25

    Beschrijving casus 25

    Voorbereiding 25

    Ontbreken van voorbereiding 26

    Herstel gebrek aan voorbereiding 27

    Geleerde lessen 28

CASUS: GEZAMENLIJK DOEL 29

    Beschrijving casus 29

    Gezamenlijk doel 30

    Aanwezigheid van gezamenlijk doel 30

    Ontbreken van gezamenlijk doel 31

    Geleerde lessen 32

CASUS: COMMUNICATIE 35

    Beschrijving casus 35

    Communicatie 36

    Ontbreken van communicatie 37

    Herstellen van communicatie 37

    Geleerde lessen 38

GELEERDE LESSEN 41

    Inleiding 41

    Samen 41

    Voorbereiding 42

    Gezamenlijk doel 42

    Communicatie 43

    Verbeteringen 43

    Voordelen 44

MEER WETEN? 45

    Inleiding 45

    Zelf aan de slag 45

    Ondersteuning 45

    Boek 46

    Ondersteuningsprogramma 46

Inleiding

Veel gehoorde verhalen

Wachten en vergunning. Het lijken twee woorden die bij elkaar horen. Maar hoe komt het toch dat je lang op een vergunning moet wachten? Werken ze bij de gemeente traag? Of is het moeilijk om een vergunning goed aan te vragen? Zijn er andere dingen van invloed op de tijd die je moet wachten op een vergunning? En zijn er zaken die maken dat het traject om aan een vergunning te komen moeilijk lijkt? Kan dat eenvoudiger?

Als je een van deze vragen herkent, dan is dit boek voor jou geschreven. In dit boek maak je kennis met aspecten die ervoor zorgen dat je sneller en met minder moeite toestemming om te bouwen krijgt. Je hoeft minder moeite te doen om de bouwvergunning te krijgen. En je krijgt hem nog sneller ook. Lijkt dat je te mooi om waar te zijn? Lees dit boek dan aandachtig door en pas de lessen uit het boek toe. Je zult merken dat het makkelijker wordt om een vergunning te krijgen.

Samenwerking

Samenwerking is erg belangrijk als je een vergunning wilt hebben. Dit betekent niet alleen samenwerken met partijen die ervoor kunnen zorgen dat de aanvraag aan alle eisen voldoet. Maar je moet vooral samenwerken met de gemeente. Als je goed samenwerkt met de gemeente, neemt de snelheid van vergunningverlening sterk toe.

Meestal verleent de gemeente de bouwvergunning. Soms wordt de vergunning niet verleend door de gemeente maar door de provincie of het rijk. In dit boek wordt over bouwvergunning gesproken. Formeel heet dit een omgevingsvergunning voor de activiteit bouwen. Maar in de praktijk wordt nog steeds vaak de term bouwvergunning gebruikt. Om de herkenbaarheid te vergroten spreek ik dus over bouwvergunning.

De snelheid van vergunningverlening neemt toe door samenwerking met de gemeente. Dit boek gaat over een aantal aspecten ten aanzien van samenwerking met de gemeente. Er wordt beschreven hoe je de samenwerking met de gemeente kunt verbeteren. Maar nog belangrijker, het boek laat je zien hoe een verbeterde samenwerking met de gemeente leidt tot het sneller krijgen van een vergunning met minder moeite.

Samen ontbreekt

Samen. Een belangrijk onderdeel van het woord samenwerking. Maar wat is dat eigenlijk, samen? Samen kan beschreven worden vanuit het verstand, maar ook vanuit het gevoel.

De benadering van samen vanuit het verstand is een zakelijke benadering. Zoek in het woordenboek op wat samen betekent. In het woordenboek is bijvoorbeeld de volgende omschrijving van 'samen' te vinden: 'bij of met elkaar'.

Als je samenwerkt dan werk je volgens de genoemde omschrijving bij of met elkaar. In dit boek gaat het over <u>met</u> elkaar werken. Bij elkaar werken kan daarbij slaan op het bij elkaar aanwezig zijn. Dat is niet belangrijk voor vergunningverlening. Bij vergunningverlening gaat het erom dat je met elkaar werkt. Dat je elkaar aanvult, scherp houdt en versterkt.

Het begrip samen zoals ik dat bedoel heeft te maken met het gevoel van samen. Ik noem dat in het boek het 'samen-gevoel'. Dat betekent dat je diep van binnen voelt dat je een project samen op wilt pakken. Niet omdat je hebt beredeneerd dat dat het beste is voor het project, maar omdat je er beiden van overtuigd bent dat op die manier het beste project te realiseren is. Als het 'samen-gevoel' ontbreekt, dan wordt het realiseren van het project een stuk lastiger. Hoe dit in de praktijk werkt, wordt in een casus in het hoofdstuk 'Samen in Vestingstad' beschreven.

Voorbereiding

Voorbereiding is een ander belangrijk aspect om sneller en met minder moeite toestemming te krijgen om te bouwen. Door een goede voorbereiding is duidelijk wat je wilt, waarom je het wilt en als sluitstuk hoe je het wilt.

De voorbereiding legt de basis voor het project. En zoals bij elk bouwwerk moet ook de fundering van een project goed zijn. Als de fundering niet goed is, dan is het lastig en misschien wel onmogelijk om goed te bouwen. Dat is hetzelfde in een vergunningtraject. Als de voorbereiding niet goed is, dan zal het vergunningtraject lastig verlopen. Dat merk je doordat het meer moeite kost en het langer duurt om een vergunning te krijgen. Er moeten herstelwerkzaamheden aan de fundering van het vergunningtraject worden uitgevoerd.

In de casus in het hoofdstuk 'Voorbereiding door Maakhetzelf BV' zal beschreven worden hoe in een bepaalde situatie de voorbereiding van een traject onvoldoende was en wat dat voor gevolgen had voor het vergunningtraject. Hoe het traject daarna hersteld werd en hoe dat ervoor zorgde dat het vergunningtraject soepeler ging, zal ook getoond worden.

Gezamenlijk doel

Doelen van het vergunningtraject. Wat zijn dat? Het gaat niet om het doel van het traject zelf (de vergunning), maar om het doel dat gerealiseerd wordt met het bouwwerk waarvoor de vergunning wordt verleend. Het doel van de bouwer kan een ander doel zijn dan dat van de gemeente. Heb je er weleens over nagedacht wat het doel van de gemeente is van je bouwwerk of ontwikkeling?

Het bepalen van een gezamenlijk doel voor de bouwer en de gemeente is een krachtig instrument om sneller en met minder moeite een bouwvergunning te krijgen. Als de doelen van de bouwer en de gemeente hetzelfde zijn dan zal de gemeente zich inspannen om snel de vergunning te verlenen. Dit gaat trouwens ook op als het doel van de gemeente in het verlengde ligt van dat van de bouwer. Door het realiseren van het doel van de bouwer, wordt een (ander) doel van de gemeente gerealiseerd.

Het bouwwerk of de ontwikkeling hoeft niet altijd te leiden tot het realiseren van het gemeentelijk doel. Ook als het realiseren van het gemeentelijk doel een stap dichterbij komt, zal het hebben van het gezamenlijk doel leiden tot versnelling en vereenvoudiging van de vergunningverlening.

Communicatie

Communicatie is erg belangrijk in het traject van vergunning-verlening. Goede communicatie helpt de vergunningverlening enorm. Slechte communicatie is een grote hindernis. In de praktijk blijkt dat communicatie belangrijk is om wederzijds vertrouwen op te bouwen. Vanuit dat vertrouwen kan met goede communicatie gewerkt worden aan de andere aspecten die voor een snelle en soepele vergunningverlening van belang zijn.

In de casus wordt beschreven hoe communicatie in de praktijk invloed heeft (gehad) op het vergunningproces. Goede communicatie was dienstbaar aan het proces. Slechte communicatie maakte het proces lastiger. Het voordeel van communicatie is dat het relatief eenvoudig kan worden aangepast in de tijd. Door goed te blijven communiceren kan slechte communicatie uit het verleden worden gecompenseerd.

Communicatie is een belangrijk onderdeel dat bijdraagt aan gezamenlijke doelen, het gevoel van samen en de voorbereiding. Het versterkt de positieve effecten van die onderdelen. Maar slechte communicatie verzwakt de gezamenlijke doelen en het gevoel van samen. Het kan bovendien een goede voorbereiding geheel tenietdoen. Daarmee is communicatie het belangrijkste onderdeel om sneller en met minder moeite een bouwvergunning te krijgen.

Opzet boek

Casussen geven voorbeelden van de onderwerpen die hiervoor als essentieel voor een snelle vergunningverlening zijn genoemd. De casusbeschrijvingen geven inzicht in concrete praktijksituaties waarin zaken wel en waarin zaken niet goed zijn gegaan. De praktijksituaties zijn echt gebeurd. Om de anonimiteit te waarborgen zijn de namen van de betrokkenen (zowel initiatiefnemers als gemeenten) fictief.

Om de casussen goed te kunnen begrijpen, is een basiskennis van de gemeente nodig. Zonder kennis van de belangrijkste partner in het vergunningproces en zijn werkwijze is het lastig om de principes te begrijpen en toe te passen. Daarom wordt in het volgende hoofdstuk op hoofdlijnen een beschrijving geven van de gemeente en haar werkwijze bij vergunningverlening. Dat is het meest theoretische deel van dit boek.

Dit boek wordt steeds praktischer. Na het theoretische hoofdstuk over de werking van de gemeente en tegen welke problemen je daar in de praktijk aanloopt, worden vier praktijksituaties beschreven. Aan het einde van iedere praktijksituatie staan praktische tips hoe met dat betreffende onderwerp omgegaan kan worden.

Dit boek wordt afgesloten met een hoofdstuk waarin de praktische tips worden samengevat. Daarmee kun je direct aan de slag gaan.

Het laatste hoofdstuk geeft handvatten hoe je de praktische tips daadwerkelijk in de praktijk toe kunt passen. Kennis van de tips is niet voldoende. Alleen als de opgedane kennis in de praktijk wordt toegepast zal het proces van vergunningverlening sneller en met minder moeite gaan. En dat is de bedoeling van dit boek.

Samenwerking met gemeenten

Inleiding

Samenwerking met de gemeente levert voordelen op. Maar welke voordelen levert het op? En levert de samenwerking die voordelen altijd op? Voor een goed begrip over de voordelen van de samenwerking, en de dingen waar je rekening mee moet houden als je gaat samenwerken met een gemeente, is het van belang om te weten wat de gemeente doet en hoe de gemeente werkt. Begrip van de werkzaamheden en werkwijze van de gemeente is een voorwaarde om te komen tot een samenwerking met de gemeente bij vergunningen.

De samenwerking heeft voordelen. Een belangrijk voordeel is dat het proces om te komen tot een vergunning sneller en makkelijker verloopt. Maar de samenwerking kan ook tot 'bonussen' leiden. De samenwerking kan ervoor zorgen dat de gemeente financieel aan het project bijdraagt. Ook kan de gemeente (kosteloos of tegen verlaagd tarief) werkzaamheden verrichten. Deze bonussen komen niet altijd voor, maar in de praktijk zijn veel voorbeelden te vinden waarbij de samenwerking van een initiatiefnemer met de gemeente leidt tot dergelijke voordelen.

De gemeente bestaat niet

Verschillen kenmerken de gemeente. De gemeente bestaat niet. Iedere gemeente is anders. Dit wordt zichtbaar in de organisatie en de structuur van de gemeente. Maar je ziet het ook in de cultuur van de gemeente en de gemeentelijke organisatie. Daarnaast bestaat iedere gemeente uit medewerkers. Dat zijn mensen zoals jij en ik. Vaak wordt in een stereotype gedacht over gemeentelijke medewerkers. Maar in de praktijk verschillen de gemeentelijke medewerkers niet van mensen die niet bij een gemeente werken.

Iedere persoon brengt zijn eigen dynamiek en eigenheid mee. De persoon die het contact heeft met een aanvrager van een vergunning in een dorpje in Friesland is iemand anders dan de persoon die hetzelfde werk doet in een stad in Zuid-Holland. Maar deze persoon is ook anders dan zijn of haar collega in hetzelfde dorp of dezelfde stad die ook contact heeft met vergunningaanvragers. Daarmee blijft de samenwerking mensenwerk. En mensenwerk vraagt om maatwerkoplossingen. Er is geen standaardaanpak die overal toegepast kan worden. Maar het contact kan wel systematisch worden aangepakt. En dat systeem is overal toepasbaar.

Gedrag van de gemeente

Traag. Op de vraag hoe de gemeente werkt, is dat een veelgehoord antwoord. Maar is dat echt zo? Het valt niet te ontkennen dat het vaak lang duurt voordat de gemeente een beslissing neemt op een vergunningaanvraag. Maar dat betekent niet dat de gemeente traag werkt. De complexe aanvragen, de manier van organiseren en verplichte procedures maken dat de gemeente vaak veel tijd nodig heeft om tot een besluit te komen over een aanvraag.

Aanvragen voor vergunningen zijn vaak complex. De gemeente moet kijken naar een groot aantal zaken om te toetsen of die voldoen aan de (wettelijke) eisen. Voor die toetsing is vaak specialistische kennis nodig. Dat betekent dat er veel mensen aan het beoordelen van een vergunning werken. En vanuit al die kennis moeten voorschriften worden geformuleerd. Hierdoor ontstaat de kans dat voorschriften met elkaar in tegenspraak zijn. Een bekend voorbeeld is een vloer in een keuken van een horecagelegenheid. Vanuit het oogpunt van hygiëne moet de vloer glad zijn, omdat die dan goed schoon te maken is. Vanuit het oogpunt van veiligheid moet de vloer stroef zijn om uitglijden te voorkomen.

De besluiten van de gemeente worden genomen door het college van burgemeester en wethouders of soms zelfs door de gemeenteraad. Dit is door de wet voorgeschreven. Dat betekent dat er na de beoordeling van de verschillende aspecten een advies geschreven moet worden. Daarna kan er besloten worden over een aanvraag. Dit advies vraagt vaak uitleg van de ambtenaar en voorbereidingstijd door de persoon die het besluit neemt. Een burgemeester, een wethouder of een gemeenteraadslid is geen specialist op het gebied van de vergunning, maar moet daar wel over besluiten. Daarom is er tijd nodig om de beslissers goed te informeren en te adviseren over het besluit dat ze moeten nemen.

Een deel van de tijd is nodig omdat een besluit zorgvuldig moet worden genomen. Met het verlenen van een vergunning aan een burger kan een andere burger geschaad worden. Daarom moeten de belangen goed tegen elkaar afgewogen worden. Ook het weigeren van een vergunning moet goed gemotiveerd worden. Dit zijn allemaal eisen die de wet aan de besluitvorming door de gemeente stelt.

Hierdoor lijkt het vaak alsof de gemeente traag werkt, maar achter de schermen gebeurt er heel veel. Dat wil niet zeggen, dat er geen mogelijkheden zijn om in individuele gevallen sneller te werken. Die zijn er zeker. Maar dat vraagt ook een actieve houding van de vergunningaanvrager. Communiceren over de werkzaamheden (zonder dat daarbij een oordeel over het werk wordt gegeven) en aanbieden om waar nodig en mogelijk te ondersteunen, helpt al veel om begrip te krijgen.

Werken met personen

Mensen maken de organisatie. Ieder mens is verschillend. Dat betekent ook dat ieder mens binnen de gemeentelijke organisatie verschillend is en werkt. Mensen verschillen wat karakter betreft. Maar de mensen verschillen ook wat betreft kennis en ervaring. Dat heeft allemaal invloed op de snelheid en de eenvoud waarmee een vergunning wordt verkregen.

Het is van belang dat de aanvrager aansluit bij de persoon die de vergunningaanvraag behandelt. Achterhaal wat voor die persoon belangrijk is. Ondersteun op punten waar zijn of haar kennis en ervaring tekortschiet. Maar communiceer vooral goed met je contactpersoon bij de gemeente. Het is van belang dat je relatie met je contactpersoon goed is. En als dat, om welke reden dan ook, niet mogelijk blijkt te zijn, kijk dan of er een alternatief voor de contactpersoon is. Je weet dat de gemeente een samenstelling van personen is. En als er iemand is die een snelle en soepele vergunningverlening tegenhoudt, dan is er misschien wel iemand anders die het proces kan versnellen.

Het is daarbij wel van belang, dat je geborgd hebt dat de vergunning verleend kan worden op basis van de wettelijke eisen en het gemeentelijk beleid. Als je geen medewerking krijgt doordat het initiatief in strijd met de wet (bijvoorbeeld het bestemmingsplan) is en er zijn geen mogelijkheden om de strijdigheid op te heffen omdat dat in strijd is met het gemeentelijk beleid, dan kan het zoeken naar iemand die het proces kan versnellen het proces juist bemoeilijken. Het komt dan over alsof je ten koste van alles je zin wilt krijgen. Dat geldt zeker als je vaker bij die betreffende gemeente vergunningen aanvraagt.

Organisatie

Wettelijke eisen leiden vaak tot het beeld dat de gemeente 'moeilijk doet'. Onduidelijk is waarom de gemeente formeel om gegevens vraagt die voor de aanvraag niet belangrijk lijken te zijn. Dit heeft te maken met wettelijke eisen die aan een aanvraag gesteld worden. Maar ook de organisatie kan maken dat een medewerker in de ogen van de aanvrager 'moeilijk' doet. Tenslotte is een formele opstelling van de gemeente een signaal dat de gemeente eigenlijk niet mee wil werken aan het initiatief, maar daarvoor (nog) geen inhoudelijke argumentatie heeft die ze wil delen.

De samenleving wordt steeds juridischer. Als mensen het ergens niet mee eens zijn, dan gaan ze steeds vaker naar een rechter. Dat gebeurt ook bij besluiten die de gemeente neemt. Een rechter toetst meestal eerst op formele eisen: voldoet de aanvraag aan de wettelijke eisen, is de juiste procedure gevolgd, is de procedure juist gevolgd? Voldoet het besluit niet aan de formele eisen, dan wordt de gemeente in het ongelijk gesteld. Dat wil de gemeente voorkomen. Daarom wordt, over het algemeen, strikt toegezien op de formele eisen.

Daarnaast vraagt de gemeentelijke organisatie steeds meer dat de medewerkers verantwoording afleggen over de zaken die zij met de burgers bespreken. Daarbij is het voor de medewerker 'gemakkelijk' om strikt vast te houden aan de letter van de wet. Hij hoeft zich dan niet druk te maken over de interpretatie en de bedoeling van de wet. Zeker in een tijd waarin veel kennis en ervaring de gemeentelijke organisatie verlaat (de gemeentelijke organisatie heeft over het algemeen oudere werknemers die met (pre)pensioen gaan) is er weinig tijd en kennis om jonge medewerkers op te leiden en te leren verantwoordelijkheid te nemen. Dit zorgt ervoor dat medewerkers zekerheid zoeken in formaliteiten.

Communicatie met de gemeente

Inhoud en proces zijn de belangrijkste onderwerpen van communicatie met de gemeente. Het is niet alleen van belang om over de inhoud te communiceren. Het communiceren over het proces is minstens zo belangrijk. Het belangrijkste van communicatie is dat je het doet.

Communiceren werkt alleen als je het doet. Vaak blijven gedachten in je hoofd hangen en worden ze niet uitgesproken. De gemeente weet dan niet van je bedoeling, verwachtingen, problemen, etc. Zorg er daarom altijd voor dat je communiceert. Doe het gewoon. Zelfs als de gemeente niet of onvoldoende communiceert, moet jij dat wel blijven doen. Je kunt de gemeente niet dwingen te veranderen in de communicatie. Door zelf te blijven communiceren, nodig je de gemeente uit hetzelfde te doen. Vroeg of laat zal de gemeente in de communicatie meegaan.

Praat niet alleen over de inhoud. Deze neiging bestaat nog weleens. Maar praat ook over het proces. Wat zijn je volgende stappen? Heb je voortgang geboekt? Zo ja, welke? Zo nee, hoe komt dat? Heb je je planning bijgesteld? Wanneer verwacht je weer informatie te kunnen geven? Allemaal vragen die de gemeente informatie geven over het proces, zonder dat de inhoud aan de orde is. De ervaring leert, dat communicatie over het proces vaak nog belangrijker is dan communicatie over de inhoud.

Het belangrijkste is echter, dat er vaak wordt gecommuniceerd. Bel op. Mail. Bezoek de medewerker die je contactpersoon is. Op die manier houd je de gemeente niet alleen aangehaakt bij je initiatief. Op die manier verlaag je ook de drempel voor de gemeente om over hun inhoud en proces te communiceren. Ook hier geldt: communiceren doet communiceren.

Afsluiting: vier casussen

Casussen kunnen meer zeggen dan uitgebreide theoretische teksten. In de volgende hoofdstukken worden daarom vier casussen beschreven die een eerder beschreven essentieel element van het contact met de gemeente belichten:

- Het 'samen-gevoel';
- De voorbereiding;
- Een gezamenlijk doel;
- Communicatie.

Deze casussen geven een praktisch voorbeeld van de genoemde elementen. Maar daarnaast leren ze ook wat de consequenties (kunnen) zijn als de elementen wel of niet goed worden toegepast. Daarmee geven de casusbeschrijvingen concrete handvatten om in de dagelijkse praktijk mee aan de slag te gaan.

Casus: samen in Vestingstad

Beschrijving casus

Samenwerken als aanvrager met de gemeente is essentieel voor een soepel en snel vergunningtraject. In deze casus wordt de noodzaak van een goede samenwerking bij een vergunningtraject beschreven. Daarbij is er een duidelijk verschil tussen samenwerking vanuit je verstand en samenwerking vanuit je hart.

Situatie

In de gemeente Vestingstad ligt een perceel waarop een voormalig bedrijfspand staat met omliggende grond. Ontwikkelmaar BV heeft het pand en de grond gekocht om het bedrijf te saneren en de locatie te herontwikkelen voor woningbouw. Het pand staat al een tijd leeg. Op de locatie is in het verleden de bodem verontreinigd geraakt door de bedrijfsactiviteiten.

Inzet gemeente Vestingstad

De gemeente Vestingstad ziet wel wat in de herontwikkeling van de locatie. Het bedrijf, dat in een woonwijk zat, verdwijnt. En op de locatie worden woningen ontwikkeld. Dit betekent bovendien dat de bodemverontreiniging wordt opgeruimd.

Naast die voordelen ziet de gemeente Vestingstad nog andere punten die ze graag wil realiseren. De herontwikkeling moet een aantal extra huurwoningen in de gemeente opleveren. Bovendien wil de gemeente ook een financiële bijdrage van de herontwikkeling.

Inzet Ontwikkelmaar BV

Ontwikkelmaar BV wil de locatie graag herontwikkelen om er woningen te bouwen en te verkopen. Met de bouw van de woningen kan personeel van het aannemersbedrijf dat aan Ontwikkelmaar BV verbonden is aan het werk blijven. Daarnaast kan er geld verdiend worden met de ontwikkeling en verkoop van de woningen.

Samen?

Gezamenlijk optrekken levert voor zowel Vestingstad als Ontwikkelmaar BV voordelen op. Dat is met het verstand te beredeneren. Maar dat blijkt vaak niet voldoende te zijn. Om gezamenlijk op te trekken, moet de wil om samen te werken gevoeld worden. De samenwerking moet vanuit het hart komen, niet alleen vanuit het hoofd. Pas als op die manier een 'samen-gevoel' ontstaat, dan is er sprake van verbinding. En verbinding is een voorwaarde om zaken echt samen op te pakken.

Ontbreken van 'samen-gevoel'

Moeizaam gingen de gesprekken over de gewenste ontwikkeling toen er geen 'samen-gevoel' was. De gemeente stelde zich formeel op en stelde veel eisen aan de ontwikkeling die Ontwikkelmaar BV onredelijk vond. Zo moest Ontwikkelmaar BV een grote financiële bijdrage aan de gemeente doen. En ook moest de ontwikkeling een groot aantal huurwoningen opleveren. Dit alles moest binnen krappe mogelijkheden in het bestemmingsplan. Zo waren onder andere het maximum oppervlakte dat bebouwd mocht worden en de maximum bouwhoogte sterk beperkt.

De financiële ruimte van het plan was echter klein. Het opkopen van de kavel met opstallen, de sloop, de bodemsanering: allemaal kosten die gemaakt moesten worden om het plan mogelijk te maken. Daarnaast was de woningmarkt slecht. De prijzen stonden erg onder druk. De marge was onvoldoende om alle wensen van de gemeente mogelijk te maken.

Hierdoor kwam de relatie sterk onder druk te staan. Ontwikkelmaar BV was van mening dat de gemeente onredelijke eisen stelde. Door die eisen zou het project financieel niet realiseerbaar zijn. De gemeente Vestingstad was van mening dat Ontwikkelmaar BV alleen maar uit was op geldelijk gewin. De houding van zowel Ontwikkelmaar BV als Vestingstad leidde tot spiegelgedrag. De standpunten van beide partijen verhardden en een oplossing leek ver weg. Er werd slechts naar de eigen doelen gekeken. Er was geen 'samen-gevoel' om een goede ontwikkeling tot stand te brengen.

Aanwezigheid van 'samen-gevoel'

Door een calamiteit in het leegstaande pand veranderde er iets in de ingenomen standpunten. De gemeente realiseerde zich dat door de patstelling die was bereikt het leegstaande pand niet zou worden gesloopt. En dat zou een gevaar op kunnen leveren voor de omgeving. Dit leidde tot een nieuw doel bij de gemeente: zo snel mogelijk slopen van het leegstaande pand. Door dit doel kwamen oplossingen dichterbij. De gesprekken verliepen soepeler en er werd op eenvoudige manier overeenstemming bereikt over het te volgen traject.

Door het gedeelde doel ontstond een sfeer waarin Vestingstad en Ontwikkelmaar BV samen gingen voor een ontwikkeling op de locatie. Dit was niet ingegeven door het verstand, maar door het gevoel. Beide partijen waren ervan doordrongen dat ze samen moesten optrekken om van de ontwikkeling snel een succes te maken.

Door deze gewijzigde houding is in een korte tijd veel voortgang geboekt. Er zijn afspraken gemaakt over onder andere de te volgen procedure, over de woningen die worden gerealiseerd en over de bijdrage die aan Vestingstad moet worden betaald. Het leek erop dat het project snel tot uitvoering kon worden gebracht. Door verschillende oorzaken verdween het 'samengevoel'. Daardoor zijn partijen weer gaan leunen op hun eerste standpunten en verliep het proces om tot vergunning te komen net zo moeizaam als voorheen.

Geleerde lessen

Samen aan een project werken leidt tot snelheid en gemak in het proces. Het proces om te komen tot een vergunning verloopt sneller en eenvoudiger als initiatiefnemer en gemeente allebei voelen dat de ontwikkeling samen opgepakt moet worden (of in ieder geval dat beide partijen voordeel hebben bij de ontwikkeling). De beschreven casus laat dat duidelijk zien.

Maar wanneer de ontwikkeling niet samen wordt opgepakt en iedere partij voor zijn eigen doelen gaat, dan verloopt het proces naar een vergunning stroef. De standpunten verharden zich en de kans is groot dat het vergunningtraject verzandt. Daarmee wordt de gewenste ontwikkeling vertraagd of misschien wel afgeblazen. Er zijn alleen maar verliezers.

Tips om het gevoel van samen te vergroten

Uit de casus komt een aantal tips naar voren om het 'samengevoel' te vergroten:

- Onderzoek waar de gewenste ontwikkeling bijdraagt aan doelen van de gemeente;
- Benadruk in gesprekken wat partijen met elkaar verbindt;
- Vermijd het benadrukken van verschillen tussen partijen.

Casus: voorbereiding door Maakhetzelf BV

Beschrijving casus

Voorbereiding van het traject om een vergunning te krijgen is essentieel voor een soepel en snel vergunningtraject. In deze casus wordt de noodzaak van een goede voorbereiding bij een vergunningtraject beschreven. Je kunt je onder andere voorbereiden op vragen die komen, op stukken die aangeleverd moeten worden en op de tijd die het hele traject vraagt.

Situatie

In de gemeente Vestingstad ligt een perceel waarop het bedrijf Maakhetzelf BV is gevestigd. Het bestemmingsplan staat op het perceel alleen agrarische bedrijven toe. De activiteiten van Maakhetzelf BV zijn in strijd met het bestemmingsplan. Toen het bedrijf zich op het perceel vestigde, heeft het bedrijf niet geïnformeerd naar het bestemmingsplan. Ook is er geen vergunning aangevraagd of verleend om de bedrijfsactiviteiten toe te staan. Met andere woorden, het bedrijf is illegaal gevestigd.

De gemeente constateert op een dag de illegale bedrijfsvestiging en draagt Maakhetzelf BV op om de bedrijfsactiviteiten te beëindigen op de locatie. Maakhetzelf BV heeft nu een probleem. Het bedrijf draait goed, maar moet op korte termijn op zoek naar een andere (waarschijnlijk duurdere) bedrijfslocatie.

Voorbereiding

Doelen, strategie en verbinding. Drie woorden die vertellen wat een goede voorbereiding inhoudt. Ten eerste moeten doelen bepaald worden: wat wil je bereiken met het project, het bouwplan waar je vergunning voor wilt krijgen? Denk goed na over het doel. Want vaak blijkt dat het doel dat je denkt te willen bereiken niet het echte doel is. Wil je een bepaalde woning bouwen? Of wil je op een prettige manier wonen? Hoe helderder je je echte doelen hebt, des te makkelijker wordt het bepalen van de strategie. Het bepalen van de strategie is namelijk de volgende stap in de voorbereiding. Met de strategie ga je na hoe je je doelen kunt bereiken. Zijn er alternatieven? Wat zijn die? Is er misschien een prioriteit in de doelen? Zijn er punten waarmee aangesloten kan worden op de doelen die de gemeente heeft? Allemaal vragen die bij een strategie aan de orde komen.

Het bepalen van de doelen en de strategie zijn allemaal voorbereidingen om uiteindelijk te komen tot het punt waarom het allemaal draait. Dat is verbinding maken met de gemeente. Breng gemeentelijke doelen, eisen en wensen in overeenstemming met je eigen doelen, eisen en wensen. Op die manier ontstaat een win-winsituatie en verloopt het traject van vergunningverlening sneller en met minder moeite.

Ontbreken van voorbereiding

Maakhetzelf BV heeft de bedrijfsvestiging niet voorbereid. Er was een perceel beschikbaar en daarop is het bedrijf gevestigd. Er is niet nagedacht over vergunningen. Er is niet nagedacht over een bestemmingsplan. En er is helemaal niet nagedacht over de vraag of vestiging overeenkomt met de doelen, eisen en wensen van de gemeente. Het bedrijf heeft zich gevestigd en verder geen aandacht geschonken aan (mogelijke) doelen van de gemeente. Toen de gemeente de illegale situatie constateerde, was er direct sprake van strijd.

De gemeente wilde haar doelen realiseren zonder zich te verdiepen in de doelen van Maakhetzelf BV. Hierdoor werd Maakhetzelf BV in een lastige positie gedwongen. De gemeente had meer en sterkere machtsmiddelen dan Maakhetzelf BV. Alle pogingen die Maakhetzelf BV deed om de gemeente op andere gedachten te brengen, werden in het begin ingegeven door het eigenbelang van Maakhetzelf BV. Omdat de gemeente daar niet in meeging, werd de tegenwerking alleen maar vergroot.

Maakhetzelf BV zag in dat de handelswijze die tot dan toe was gekozen, niet leidde tot resultaat. Het werkte juist tegengesteld. De tegenwerking van de gemeente werd alleen maar slechter en het werd steeds duidelijker dat Maakhetzelf BV uiteindelijk aan het kortste eind zou trekken. Hierdoor ontstond er een ommekeer in het denken bij Maakhetzelf BV.

Herstel gebrek aan voorbereiding

Medewerking van de gemeente, dat is wat Maakhetzelf BV wilde. Langzaam kwam het besef dat medewerking niet vanzelf komt. Daar moet wat voor gebeuren. De stappen die het bedrijf zet en de mogelijke reactie van de gemeente moeten voorbereid worden. Wat is uiteindelijk het doel van het bedrijf en hoe kan daarbij medewerking worden gekregen van de gemeente? Het denken over het proces leidde tot een goede strategie om met de gemeente om te gaan. De doelen van de gemeente werden duidelijk. En het bleek dat de gemeentelijke doelen gerealiseerd konden worden door een andere aanpak van Maakhetzelf BV. De voorbereiding leidde tot resultaat. De gemeente veranderde haar houding. Ze werkte mee aan het initiatief. En dat gebeurde op een manier waarop snelheid gemaakt kon worden.

Helaas liep het traject uiteindelijk anders dan was voorbereid. Doordat de gemeente meewerkend aan tafel zat, verviel Maakhetzelf BV in de oude fout. Er werd gehandeld op een manier die niet meer overeen kwam met de voorbereiding. Gedacht werd dat op die manier de gemeente nog meer zou opschuiven en op nog meer onderdelen mee zou gaan in de doelen van Maakhetzelf BV. Dat was een misrekening. De gemeente Vestingstad zag het gedrag van Maakhetzelf BV veranderen in het oude gedrag. En de gemeente viel ook terug in het oude gedrag. Uiteindelijk is er geen oplossing gevonden en loopt er een handhavingszaak waarbij niemand wint.

Geleerde lessen

Verbinding leidt tot medewerking en snelheid in een vergunningtraject. Verbinding komt tot stand als er een goede voorbereiding is. Dat betekent dat doelen gesteld moeten worden en dat een strategie geformuleerd moet worden waarbij zowel de eigen doelen als de doelen van de gemeente behaald kunnen worden. Door een goede voorbereiding verloopt het proces om te komen tot een vergunning sneller en eenvoudiger.

Wanneer afgeweken wordt van het voorbereide traject, wordt een gevarenzone betreden. Er ontstaat dan dezelfde situatie als wanneer het traject niet is voorbereid. Dit gebeurde ook in de beschreven casus. Daarmee wordt de gewenste ontwikkeling vertraagd of misschien wel afgeblazen. Er zijn alleen maar verliezers.

Tips voor een goede voorbereiding

Uit de casus komt een aantal tips naar voren voor een goede voorbereiding:

- Stel doelen. Kijk daarbij naar het doel achter het doel;
- Formuleer alternatieven om het doel te bereiken, dit maakt de strategiebepaling makkelijker;
- Bepaal de strategie. Houd daarbij onder andere rekening met de doelen van de gemeente;
- Bereid afwijking van een strategie voor. Afwijken van een strategie is mogelijk, maar doe dat op een manier waarbij opnieuw de doelen zijn bepaald en er een nieuwe strategie is bepaald.

Casus: gezamenlijk doel

Beschrijving casus

Doelen zijn noodzakelijk om snel en met minder moeite toestemming om te bouwen te krijgen. Doelen zijn vooral sterk als ze door partijen gedeeld worden, als er een gezamenlijk doel is. Het hebben van een of meer gezamenlijke doelen geeft energie aan het proces van vergunningverlening bij locatie-ontwikkeling. De casus in dit hoofdstuk maakt duidelijk wat het effect van een gezamenlijk doel is, maar ook wat de gevolgen zijn als het gezamenlijk doel wegvalt.

Situatie

In de gemeente Vestingstad heeft het bedrijf Vastgoedbezit BV een bedrijfspand. Het pand, een voormalige fabriek, ligt op een verouderd bedrijventerrein. In de loop van de jaren zijn in de omgeving van het bedrijventerrein woningen gebouwd. De gemeente wil het bedrijventerrein graag een opknapbeurt geven en ervoor zorgen dat de bewoners van de naastgelegen woningen geen overlast hebben van de bedrijven op het bedrijventerrein.

Vastgoedbezit BV wil het pand graag slopen en een nieuw pand realiseren waarin grootschalige detailhandel plaats kan vinden, bijvoorbeeld een tuincentrum of een doe-het-zelf-winkel. De locatie is groot genoeg voor zo'n detailhandelsbedrijf. Er is voldoende parkeergelegenheid en de wegen zijn ruim genoeg om het verkeer van de bezoekers aan te kunnen.

De gemeente Vestingstad is met Vastgoedbezit BV in gesprek om de grootschalige detailhandel mogelijk te maken. Daardoor wordt deze in het oog springende locatie op het bedrijventerrein opgeknapt en vermindert de overlast voor de mensen die in de omgeving wonen.

Gezamenlijk doel

Verbinding is het sleutelwoord bij een gezamenlijk doel. Het eigen doel en het doel van de gemeente moeten hetzelfde zijn of in ieder geval een overlap hebben. Die overlap kan zijn dat een subdoel van de ene partij een doel is van de andere partij. Maar het kan ook zijn, dat door het bereiken van het doel van de ene partij het doel van de andere partij dichterbij komt.

Met andere woorden: er moet een verbinding zijn met het eigen doel en dat van de ander. Hoe sterker die verbinding is, hoe groter het effect van het gezamenlijke doel. Dit geldt ook voor de doelen. Hoe sterker de wens is om het doel te realiseren, hoe sterker de samenwerking tussen de partijen zal zijn. Daarmee wordt het proces van vergunningverlening versneld en gemakkelijker gemaakt.

Aanwezigheid van gezamenlijk doel

Medewerking van de gemeente was er volop toen er een gezamenlijk doel was. De gemeente stond positief ten opzichte van de gewenste ontwikkeling. De gemeente kwam zelfs met suggesties om de ontwikkeling nog beter te laten zijn. Ook werden aanwijzingen gegeven waardoor gemakkelijker vergunning verleend kon worden voor de ontwikkeling. De ontwikkeling kwam steeds dichterbij. En Vastgoedbezit BV spande zich in om het bedrijventerrein een beter aanzicht te geven en om een overgangsgebied met een combinatie van woningen met bedrijvigheid te maken. Niets leek een ontwikkeling die door beide partijen gewenst werd in de weg te staan. Maar niets bleek minder waar.

De gemeente Vestingstad had meer doelen dan dat ze aan Vastgoedbezit BV had gemeld. Die doelen wilde de gemeente realiseren in andere projecten en met andere partijen. Uiteindelijk bleek dat die andere doelen in strijd waren met de doelen die de gemeente had in haar contacten met Vastgoedbezit BV. Die andere doelen waren uiteindelijk belangrijker voor de gemeente. Het gezamenlijke doel van de gemeente Vestingstad en Vastgoedbezit BV was weg. En dat bleek nogal wat consequenties te hebben.

Ontbreken van gezamenlijk doel

Tegenwerking kwam in plaats van medewerking. De gemeente wilde niet meer meewerken aan de ontwikkeling. De gemeente wijzigde haar beleid. En plots was er geen sprake meer van een gezamenlijk doel. De doelen leken nu tegenovergesteld aan elkaar. In het begin werd niet openlijk uitgesproken dat de doelen van de gemeente waren veranderd. Maar door de vertraging die optrad, werd steeds duidelijker dat er geen sprake was van gezamenlijke doelen. Dit leidde bij Vastgoedbezit BV tot negativiteit ten opzichte van de gemeente. De gemeente wilde de bestaande situatie op het bedrijventerrein vastleggen in een nieuw bestemmingsplan. Daarbij werden mogelijkheden die het bestemmingsplan had om bestaande bedrijven uit te breiden opgeheven.

Vastgoedbezit BV maakte haar bezwaren tegen de bestemmingsplanwijziging kenbaar bij de gemeente. Daarbij werd een beroep gedaan op de gezamenlijke doelen die tot dan toe waren nagestreefd. Er werd gesproken van het beschamen van opgewekt vertrouwen. De gemeente bleef doof voor die geluiden en paste het nieuwe bestemmingsplan niet aan. Hierdoor is het realiseren van grootschalige detailhandel door Vastgoedbezit BV verder weg dan ooit. Aan de andere kant heeft de gemeente geen medewerking meer bij het realiseren van haar doel om het bedrijventerrein op te knappen en overlast van het bedrijventerrein voor haar bewoners te beperken.

Vastgoedbezit BV is naar de Raad van State gegaan om alsnog haar recht te halen. Wanneer Vastgoedbezit BV ongelijk krijgt bij de Raad van State, blijft haar niets anders over dan een (forse) schadeclaim tegen de gemeente Vestingstad in te dienen. Dat zal dan een geldelijke genoegdoening zijn. Maar de doelen die beide partijen hadden worden niet gerealiseerd. En de burger? Die is de verliezer. Die moet waarschijnlijk via de gemeentelijke belastingen betalen voor een situatie waarin de overlast die de gemeente wilde beperken niet minder wordt.

Geleerde lessen

Snelheid en gemak van een vergunningtraject verschijnen als er gezamenlijke doelen zijn. Doordat doelen van de initiatiefnemer en van de gemeente (geheel of gedeeltelijk) gelijk zijn of elkaar versterken, ontstaat er verbinding tussen beide partijen. Gezamenlijke doelen helpen om het proces om te komen tot een vergunning sneller en eenvoudiger te laten verlopen.

Doelen kunnen in de loop van de tijd verschuiven. Of doelen kunnen een lagere prioriteit krijgen. Dit leidt ertoe, dat er op dat moment geen gezamenlijke doelen meer zijn die voor een goed vergunningproces zorgen. Het proces verloopt moeizaam en stroef. Het negatieve effect wordt versterkt doordat het proces in eerste instantie soepel verliep door gezamenlijke doelen.

Tips voor gezamenlijke doelen

Uit de casus komt een aantal tips naar voren over hoe te werken met gezamenlijke doelen:

- Formuleer gezamenlijke doelen;
- Bewaak continu of de doelen van de verschillende partijen wijzigen;
- Pas gezamenlijke doelen aan als de doelen van de partijen veranderen.

Casus: communicatie

Beschrijving casus

Solitair optreden. Niet communiceren. Het is de doodsteek voor een snel en voorspoedig vergunningtraject. De laatste casus laat zien hoe het niet of onvoldoende communiceren leidt tot weerstand en vertraging. Het verkrijgen van een vergunning staat of valt bij het op orde zijn van de communicatie. Communicatie is een onderdeel dat ingrijpt in het hele proces. Dus ook bij het kweken van een 'samen-gevoel', bij de voorbereiding van het traject en bij het formuleren van een gezamenlijk doel. Overal is communicatie van belang. Zonder communicatie geen vergunning.

Situatie

Het bedrijf Ontwikkelmaar BV bezit in het buitengebied van Vestingstad een schuur bij een voormalige boerderij. De boerderij is al lang niet meer in gebruik als agrarische woning. Er wonen burgers in. Ontwikkelmaar BV wil de schuur, die voor een groot deel vervallen is, restaureren en gebruiken voor de stalling van auto's.

Over de plannen vindt overleg plaats met de gemeente. De gemeente wil eraan meewerken, maar heeft wel een voorwaarde. De schuur staat op de lijst van beeldbepalende panden en is een gemeentelijk monument. Dat moet behouden blijven. Na veelvuldig overleg wordt besloten dat het pand gesloopt mag worden, op één gevel na. Die gevel moet blijven staan. De andere gevels en het dak moeten in dezelfde stijl weer worden opgebouwd. Allemaal op dezelfde fundering.

De vergunning wordt verleend en Ontwikkelmaar BV gaat aan het werk. Bij de sloop van het dak en de gevels blijkt dat de gevel die overeind zou blijven staan slecht is. Ontwikkelmaar BV komt tot de conclusie dat het beter is als ook die gevel gesloopt wordt. Het begin van een vervelend verhaal.

Communicatie

Inhoud wordt in de praktijk vaak gezien als het punt waarover gecommuniceerd wordt. Wat wil je doen? Waarom wil je het doen? Wat heb je daar voor nodig? Wie kan dat leveren? Allemaal vragen die gesteld worden als er wordt gecommuniceerd over de inhoud. Minstens zo belangrijk is communiceren over het proces. Hoe verloopt het proces? Wanneer kan ik een volgende stap verwachten? Wat zit tegen? Wat heeft dat voor gevolgen? Dit zijn allemaal vragen die aan de orde kunnen komen als er wordt gecommuniceerd over het proces. Communicatie draagt bij aan het opbouwen en verstevigen van een relatie. De ander wordt ingelicht over de inhoud en het proces om te komen tot een herontwikkeling. Maar dit proces vindt naar twee kanten toe plaats. De ontwikkelaar communiceert met de gemeente. De gemeente communiceert met de ontwikkelaar.

Als er iets mis gaat in de communicatie dan kan dat verschillende oorzaken hebben:

- Er wordt niet gecommuniceerd;
- Er wordt niet over het proces gecommuniceerd;
- De communicatie wordt verkeerd uitgelegd.

Het komt (bijna) nooit voor dat een ontwikkeling vertraagt of moeilijk wordt omdat er te veel gecommuniceerd wordt.

Hoe beter er gecommuniceerd wordt (door beide partijen) hoe sneller en eenvoudiger het vergunningverleningtraject loopt.

Ontbreken van communicatie

Ontwikkelmaar BV is praktisch ingesteld. Het sloopbedrijf staat nu toch bij het pand en de gevel is te slecht om te behouden, dus een beslissing is snel gemaakt. Ontwikkelmaar BV geeft het sloopbedrijf de opdracht ook de laatste gevel te slopen. Ontwikkelmaar BV licht de gemeente niet in, niet voordat de gevel gesloopt wordt en ook niet daarna.

Bij een routinecontrole ziet een handhaver van de gemeente Vestingstad dat de gevel gesloopt is, zonder dat daarvoor toestemming in de vorm van een vergunning gegeven is. Om te voorkomen dat er een situatie ontstaat die nog meer afwijkt van de verleende vergunning, worden de sloop en de bouw direct stilgelegd. De gemeente Vestingstad start een formeel handhavingstraject op. Door de bouwstop ligt het project stil. Er treedt stagnatie op. De gemeente gaat de zaak diepgaand uitzoeken en neemt daar alle tijd voor. Ontwikkelmaar BV voelt dit als een soort straf voor het feit dat er gesloopt is zonder vergunning en vraagt de gemeente zo snel mogelijk de bouw weer vrij te geven. De gemeente gaat daar niet in mee. De gemeente houdt haar eigen planning aan.

Herstellen van communicatie

Als Ontwikkelmaar BV lange tijd niets meer hoort van de gemeente, neemt Ontwikkelmaar BV zelf contact op. Ontwikkelmaar BV bekent schuld en vraagt hoe de ontstane situatie opgelost kan worden. Daarmee wordt de communicatie hersteld. Ontwikkelaar BV krijgt een gesprek bij de wethouder. Daar meldt de wethouder dat het niet de bedoeling is dat in strijd met de vergunning wordt gesloopt of gebouwd. Omdat er nu alleen nog maar een fundering ligt en de gemeente het gebouw herbouwd wil hebben, gaat de gemeente ermee akkoord om een oplossing te vinden voor de sloop zonder vergunning. Door de sloop was namelijk ook de bouwvergunning te beperkt. Ontwikkelmaar BV wordt verplicht om een nieuwe bouwvergunning aan te vragen. Hierdoor moet Ontwikkelmaar BV extra kosten maken en de proceduretijd afwachten. Dit leverde nog meer vertraging op. Maar uiteindelijk wordt er vergunning verleend en kan Ontwikkelmaar BV het project afronden.

Ontwikkelmaar BV heeft de kans die de gemeente bood aangegrepen. Er is een vergunning aangevraagd en die is verleend. Doordat er door Ontwikkelmaar BV tijdens de aanvraag en vergunningverlening goed is gecommuniceerd met de gemeente, is het vergunningtraject soepel verlopen en is de vertraging voor Ontwikkelmaar BV beperkt gebleven. Maar wat misschien nog wel belangrijker is, is dat de relatie van Ontwikkelmaar BV met de gemeente Vestingstad hersteld is. Hierdoor wordt realisatie van toekomstige projecten in Vestingstad niet extra moeilijk voor Ontwikkelmaar BV.

Geleerde lessen

Verbinding ontstaat door communicatie. Het hebben van verbinding is belangrijk als je snel en zonder al te veel moeite een bouwvergunning wilt krijgen. Communicatie helpt om die verbinding te maken. Communicatie vergroot daarmee de kans op succes om het proces om te komen tot een vergunning sneller en eenvoudiger te laten verlopen.

Communicatie moet tijdens het hele traject gebeuren. Vanaf het eerste begin, de idee-ontwikkeling, tot en met de oplevering van het project. En soms ook nog daarna, bijvoorbeeld om zaken van beheer en onderhoud door te spreken of om elkaar op de hoogte te blijven houden van toezeggingen naar elkaar.

Tips voor goede communicatie

Uit de casus komt een aantal tips naar voren voor een goede communicatie:

- Blijf communiceren;
- Communiceer niet alleen over de inhoud maar zeker ook over het proces;
- Blijf communiceren als de communicatie verstoord is, alleen zo kan de communicatie weer hersteld worden.

Geleerde lessen

Inleiding

Invalshoeken bepalen hoe tegen het vraagstuk van snelle en gemakkelijke vergunningverlening wordt aangekeken. Dit is in de casussen duidelijk geworden. Vanuit verschillende invalshoeken hebben de casussen aandachtspunten beschreven hoe sneller en met minder moeite een bouwvergunning kan worden gekregen. Het centrale aspect daarbij is om verbinding, wederzijds begrip, gezamenlijkheid te verkrijgen. Daarmee wordt de gemeente een partner in het bouwproces in plaats van een tegenstander. In dit hoofdstuk worden de geleerde lessen per casus herhaald. Ook worden de tips nog een keer opgenomen. Daarmee is dit hoofdstuk erg geschikt om zelfstandig als herinnering en samenvatting te lezen.

Samen

Samen aan een project werken leidt tot snelheid en gemak in het vergunningproces. Maar wanneer er geen 'samen-gevoel' is en iedere partij voor zijn eigen doelen gaat, dan verloopt het proces naar een vergunning stroef. De standpunten verharden zich en de kans is groot dat het vergunningtraject verzandt. Daarmee wordt de gewenste ontwikkeling vertraagd of misschien wel afgeblazen.

Tips om het 'samen-gevoel' te vergroten

- Onderzoek waar de gewenste ontwikkeling bijdraagt aan doelen van de gemeente;
- Benadruk in gesprekken wat partijen met elkaar verbindt;
- Vermijd het benadrukken van verschillen tussen partijen.

Voorbereiding

De basis van de voorbereiding van een vergunningtraject is het stellen van doelen en het formuleren van een strategie waarbij zowel de eigen doelen als de doelen van de gemeente behaald kunnen worden. Door een goede voorbereiding verloopt het proces om te komen tot een vergunning sneller en eenvoudiger.

Wanneer afgeweken wordt van het voorbereide traject, dan wordt een gevarenzone betreden. Er ontstaat dan dezelfde situatie als waarin het traject niet is voorbereid.

Tips voor een goede voorbereiding

- Stel doelen, maar kijk naar het doel achter het doel;
- Formuleer alternatieven om het doel te bereiken, dit maakt de strategiebepaling makkelijker;
- Bepaal de strategie. Houd daarbij onder andere rekening met de doelen van de gemeente;
- Bereid afwijking van een strategie voor. Afwijken van een strategie is mogelijk, maar doe dat op een manier waarbij opnieuw de doelen zijn bepaald en er een nieuwe strategie is bepaald.

Gezamenlijk doel

Gezamenlijke doelen dragen bij aan snelheid en gemak van een vergunningtraject. Doordat doelen van de initiatiefnemer en van de gemeente (geheel of gedeeltelijk) gelijk zijn of elkaar versterken, ontstaat er verbinding tussen beide partijen. Gezamenlijke doelen helpen om het proces om te komen tot een vergunning sneller en eenvoudiger te laten verlopen.

Doelen kunnen in de loop van de tijd verschuiven. Of doelen kunnen een lagere prioriteit krijgen. Dit is van invloed op het gezamenlijk doel.

Tips voor gezamenlijke doelen

- Formuleer gezamenlijke doelen;
- Bewaak continu of de doelen van de verschillende partijen wijzigen;
- Pas gezamenlijke doelen aan als de doelen van de partijen veranderen.

Communicatie

Verbinding ontstaat door communicatie. Het hebben van verbinding is belangrijk als je snel en zonder al te veel moeite bouwvergunning wilt krijgen. Communicatie helpt om die verbinding te maken. Communicatie vergroot daarmee de kans op succes om het proces om te komen tot een vergunning sneller en eenvoudiger te laten verlopen.

Tips voor goede communicatie

- Blijf communiceren;
- Communiceer niet alleen over de inhoud maar zeker ook over het proces;
- Blijf communiceren als de communicatie verstoord is, alleen zo kan de communicatie weer hersteld worden.

Verbeteringen

Kennis van de informatie uit dit boek en vaardigheden met het toepassen van deze kennis leiden tot snellere en eenvoudigere vergunningverlening. Voorwaarde daarvoor is dat deze kennis en vaardigheden systematisch worden toegepast. Met systematische toepassing ervan zal het vergunningtraject verbeteren.

In het volgende hoofdstuk worden verschillende mogelijkheden geboden om de kennis om te zetten in vaardigheden en actie.

Welke je kiest is van ondergeschikt belang. Het is van belang dat je actie onderneemt. De resultaten komen dan vanzelf.

Voordelen

Sneller en met minder moeite toestemming krijgen om te bouwen. Dat is het centrale onderwerp van dit boek. Maar waarom zou je sneller en met minder moeite een bouwvergunning willen krijgen? Waarschijnlijk is dit een open deur, want er kunnen heel wat voordelen genoemd worden:

- Minder stress;
- Eerder duidelijkheid over de haalbaarheid van een project;
- Meer plezier;
- Tevredener klanten, kopers, toekomstige bewoners;
- Goedkoper;
- Minder irritatie;
- Beter eindproduct;
- Etcetera.

Dit is slechts een greep uit de voordelen die een andere aanpak van de vergunningverlening jou als aanvrager oplevert.

Welke voordelen biedt de aanpak jou?

Meer weten?

Inleiding

Inzicht uit het boek heeft geen waarde als het niet omgezet wordt in actie. En met het omzetten van de inzichten in actie hoeft niet gewacht te worden tot morgen, volgende week of ooit. Nee, dat kan vandaag al beginnen. Hieronder staan verschillende mogelijkheden om de inzichten om te zetten in actie. Kies er (minimaal) één en start.

Zelf aan de slag

Kennis van de aspecten die leiden tot een snellere en een eenvoudigere vergunningverlening is één, toepassing van die kennis is twee. Om de kennis waarvoor in dit boek een aanzet is gegeven om te zetten in verbeterde vergunningverlening is het nodig om actie te ondernemen. Deze actie kan klein beginnen. Lees de tips nog eens aandachtig door en vertaal de tips naar je dagelijkse praktijk, naar het concrete vergunningtraject dat je doorloopt. Waar kan de voorbereiding verbeterd worden? Wordt er voldoende gecommuniceerd? En wat kun je daar zelf aan doen? Zijn er gezamenlijke doelen te definiëren?

Met het toepassen van deze tips is het traject om een vergunning te krijgen veel eenvoudiger.

Ondersteuning

Hulp vragen als ondersteuning om de inzichten om te zetten in actie is een optie naast zelf aan de slag gaan. Deze hulp kan tijdelijk maar ook permanent zijn. Iemand kan je helpen met het formuleren van doelen en strategie. Iemand kan met je sparren over hoe je de communicatie kunt doen. Misschien zoek je ondersteuning om gezamenlijke doelen te zien en te formuleren.

Met al deze aspecten kunnen personen en bedrijven je helpen. De (eventuele) kosten voor die hulp worden ruimschoots terugverdiend door de voordelen die de nieuwe aanpak biedt: sneller en eenvoudiger een vergunning krijgen.

Boek

Boeken zijn een goed hulpmiddel om kennis om te zetten in actie. Er zijn over het onderwerp samenwerking veel boeken geschreven. Eind 2013 publiceert Roland Scholten (oprichter en eigenaar van Vergunningmakelaar.nl) een boek waarin aan jou als ontwikkelaar, aannemer, bouwadviseur of architect een systeem wordt uitgelegd waarmee systematisch samengewerkt kan worden met de gemeente. Het systeem dat wordt uitgelegd heeft zijn waarde in de praktijk al bewezen. Het is het systeem waarmee Vergunningmakelaar.nl zelf ook werkt.

In het boek worden ook andere zaken rond vergunningverlening uitgelegd. Zo is er een hoofdstuk over de gemeente. Wat zijn haar taken, bevoegdheden en verantwoordelijkheden? Maar ook de Wet ruimtelijke ordening en de Wabo (omgevingsvergunning) worden in begrijpelijke taal uitgelegd.

Ondersteuningsprogramma

Ook online kun je ondersteuning vinden om de kennis om sneller en met minder moeite een bouwvergunning te krijgen te vertalen naar de dagelijkse praktijk. Op basis van het systeem uit het boek wordt een online ondersteuningsprogramma aangeboden waarmee stap voor stap, met duidelijke instructie, het traject wordt doorlopen om sneller en met minder moeite toestemming te krijgen om te bouwen.

Het ondersteuningsprogramma biedt daarnaast de laatste informatie over het functioneren van gemeenten en over relevante wetten. Daarmee is het programma niet alleen onmisbaar voor wie een systeem wil hebben om snel en zonder moeite een bouwvergunning te krijgen, maar het is ook een belangrijk naslagwerk waarin alle aspecten rond vergunning-verlening overzichtelijk en in begrijpelijke taal terug te vinden zijn.

www.ingramcontent.com/pod-product-compliance
Lightning Source LLC
Chambersburg PA
CBHW021937170526
45157CB00005B/2334